Impressum
Verlag: BABADADA GmbH, Nedderfeld 112 , 22529 Hamburg
Geschäftsführer / Verlagsleitung: Harald Hof
Druck: Books on Demand GmbH, In de Tarpen 42, 22848 Norderstedt

Imprint
Publisher: BABADADA GmbH, Nedderfeld 112 , 22529 Hamburg, Germany
Managing Director / Publishing direction: Harald Hof
Print: Books on Demand GmbH, In de Tarpen 42, 22848 Norderstedt, Germany

escuela
Schule

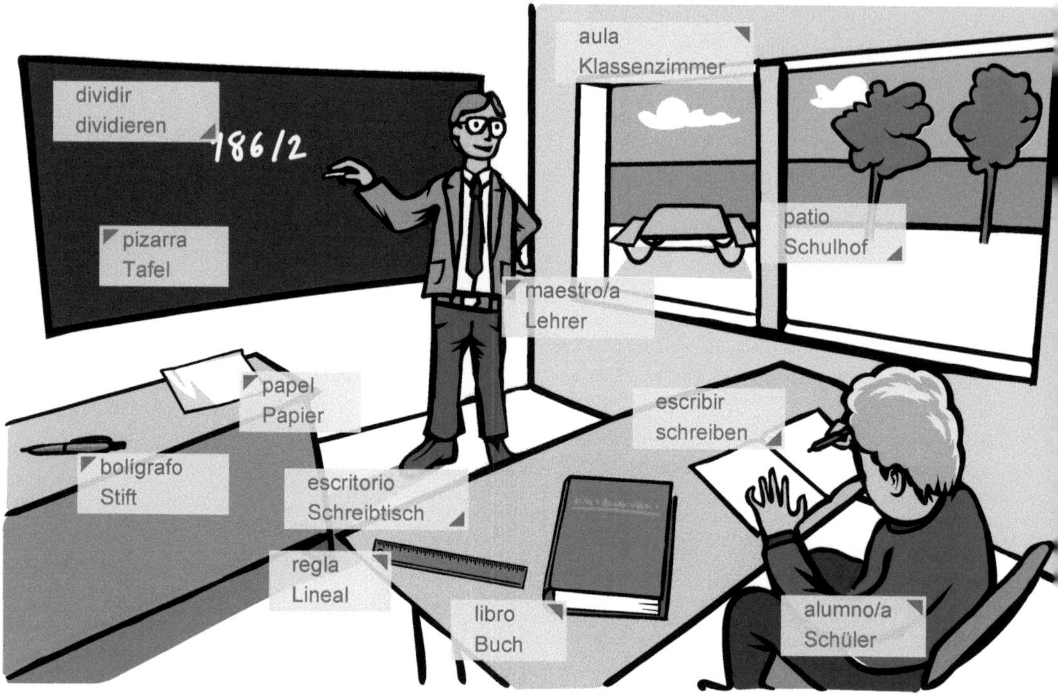
aula
Klassenzimmer
dividir
dividieren
186/2
pizarra
Tafel
patio
Schulhof
maestro/a
Lehrer
papel
Papier
escribir
schreiben
bolígrafo
Stift
escritorio
Schreibtisch
regla
Lineal
libro
Buch
alumno/a
Schüler

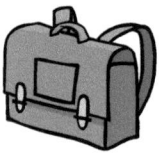

cartera
Ranzen

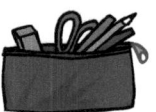

caja de lápices
Federmappe

lápiz
Bleistift

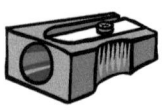

sacapuntas
Bleistiftanspitzer

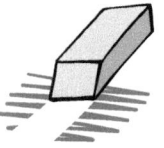

goma de borrar
Radiergummi

cuaderno de dibujo
Zeichenblock

dibujo

Zeichnung

pincel

Pinsel

caja de pinturas

Malkasten

tijeras

Schere

pegamento

Klebstoff

cuaderno de ejercicios

Übungsheft

deberes

Hausaufgabe

número

Zahl

sumar

addieren

restar

subtrahieren

multiplicar

multiplizieren

calcular

rechnen

letra

Buchstabe

alfabeto

Alphabet

palabra

Wort

texto

Text

leer

lesen

tiza

Kreide

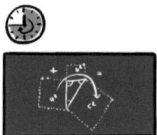

lección

Stunde

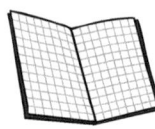

cuaderno de notas

Klassenbuch

examen

Prüfung

certificado

Zeugnis

uniforme escolar

Schuluniform

educación

Ausbildung

enciclopedia

Lexikon

universidad

Universität

microscopio

Mikroskop

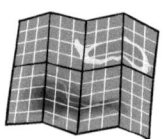

mapa

Karte

papelera

Papierkorb

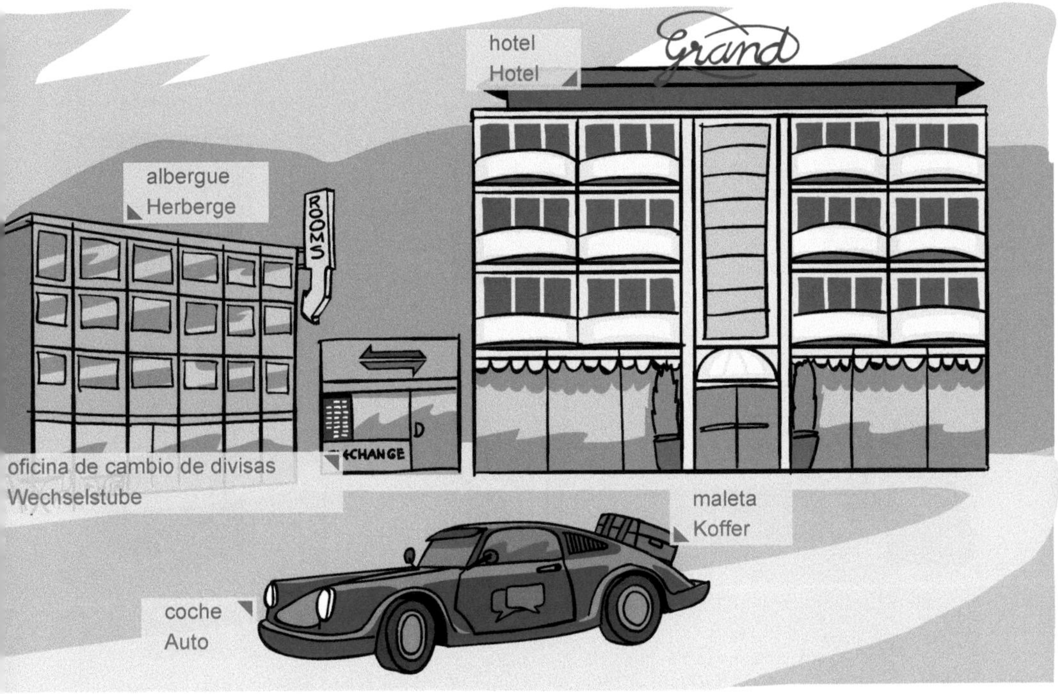
hotel
Hotel
Grand
albergue
Herberge
ROOMS
oficina de cambio de divisas
Wechselstube
EXCHANGE
maleta
Koffer
coche
Auto

idioma

Sprache

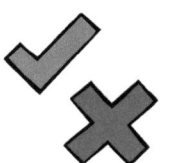

sí / no

ja / nein

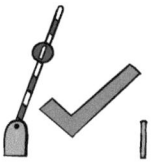

Vale

Okay

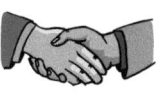

hola

Hallo

traductor

Übersetzer

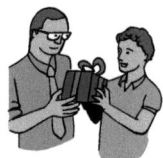

Gracias

Danke

¿cuánto es...?

Was kostet...?

No entiendo

Ich verstehe nicht

problema

Problem

¡Buenas tardes!

Guten Abend!

¡Buenos días!

Guten Morgen!

¡Buenas noches!

Gute Nacht!

adiós

Auf Wiedersehen

dirección

Richtung

equipaje

Gepäck

bolsa

Tasche

mochila

Rucksack

invitado

Gast

habitación

Zimmer

saco de dormir

Schlafsack

tienda de campaña

Zelt

información turística

Touristeninformation

playa

Strand

tarjeta de crédito

Kreditkarte

desayuno

Frühstück

almuerzo

Mittagessen

cena

Abendessen

billete

Fahrkarte

ascensor

Fahrstuhl

sello

Briefmarke

frontera

Grenze

aduana

Zoll

embajada

Botschaft

visa

Visum

pasaporte

Pass

transporte
Transport

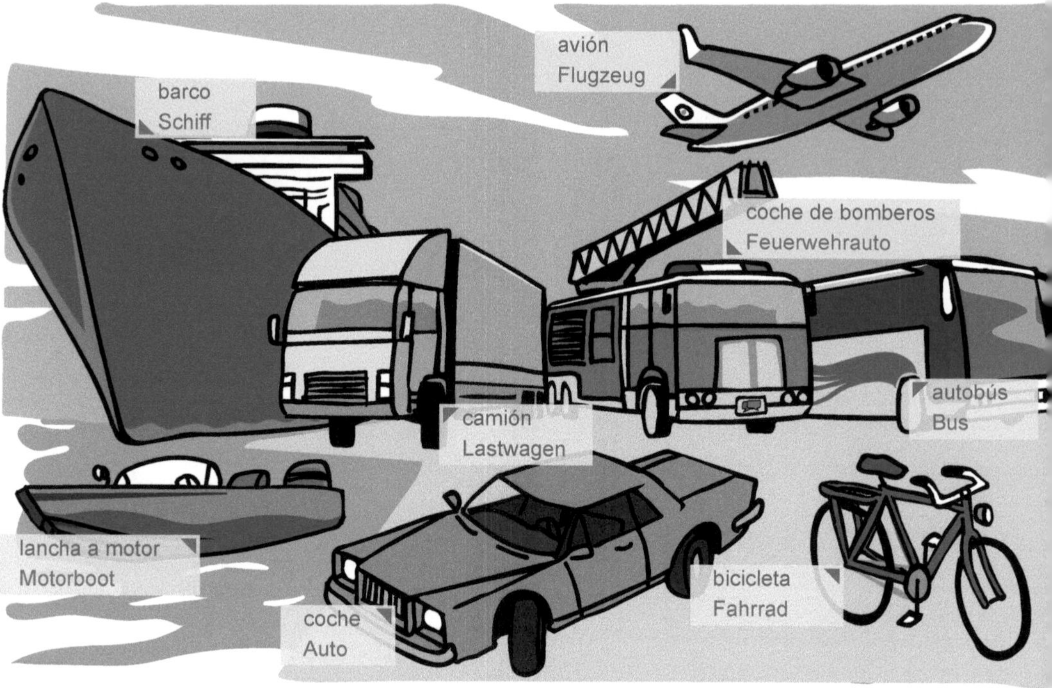

avión
Flugzeug
barco
Schiff
coche de bomberos
Feuerwehrauto
autobús
Bus
camión
Lastwagen
lancha a motor
Motorboot
bicicleta
Fahrrad
coche
Auto

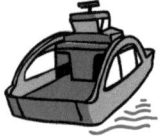

transbordador

Fähre

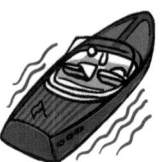

barca

Boot

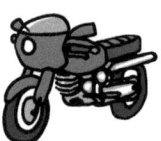

moto

Motorrad

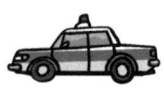

coche de policía

Polizeiauto

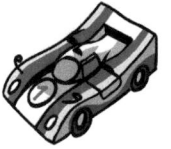

coche de carreras

Rennauto

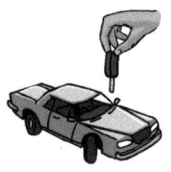

coche de alquiler

Mietwagen

préstamo de vehículos

Carsharing

grúa

Abschleppwagen

camión de la basura

Müllauto

motor

Motor

gasolina

Kraftstoff

gasolinera

Tankstelle

señal de tráfico

Verkehrsschild

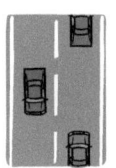

tráfico

Verkehr

atasco

Stau

aparcamiento

Parkplatz

estación de tren

Bahnhof

vías

Schienen

tren

Zug

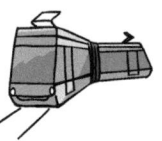

tranvía

Straßenbahn

vagón

Wagon

helicóptero

Helikopter

aeropuerto

Flughafen

torre

Tower

pasajero

Passagier

contenedor

Container

caja de cartón

Karton

carretilla

Karren

cesta

Korb

despegar / aterrizar

starten / landen

ciudad

Stadt

pueblo

Dorf

centro de ciudad

Stadtzentrum

casa

Haus

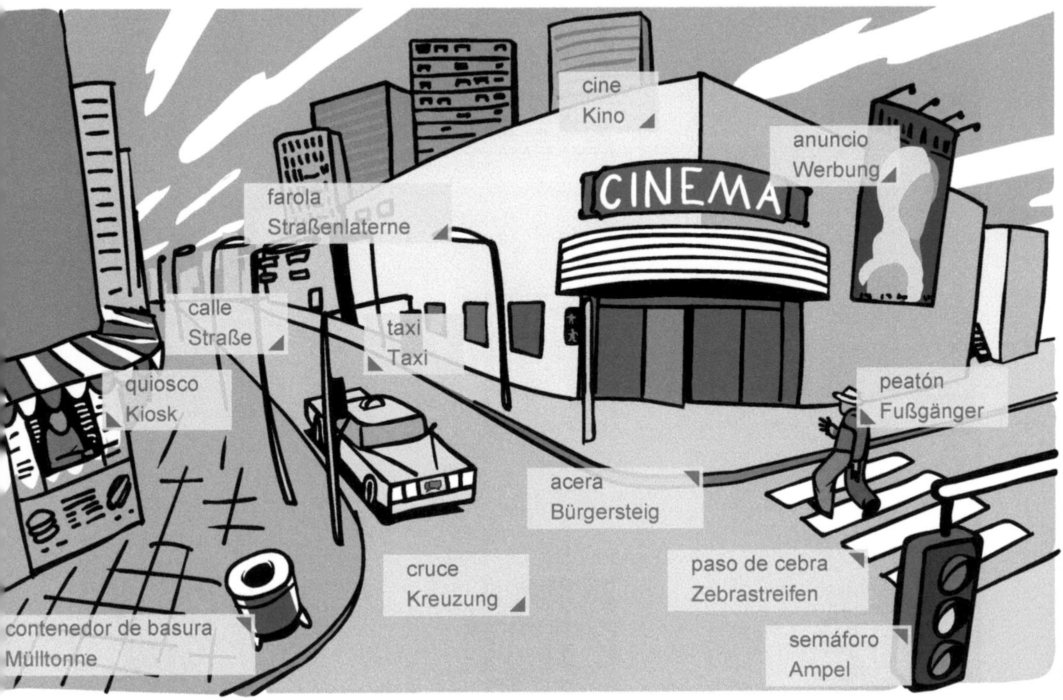
cine
Kino
anuncio
Werbung
CINEMA
farola
Straßenlaterne
calle
Straße
taxi
Taxi
quiosco
Kiosk
peatón
Fußgänger
acera
Bürgersteig
cruce
Kreuzung
paso de cebra
Zebrastreifen
contenedor de basura
Mülltonne
semáforo
Ampel

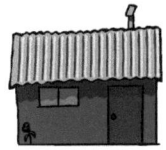

cabaña

Hütte

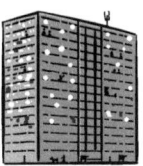

apartamento

Wohnung

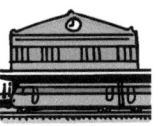

estación de tren

Bahnhof

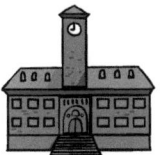

ayuntamiento

Rathaus

MUSEUM

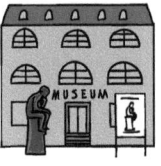

museo

Museum

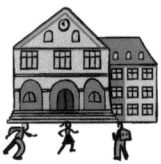

escuela

Schule

universidad
Universität

banco
Bank

hospital
Krankenhaus

hotel
Hotel

farmacia
Apotheke

oficina
Büro

librería
Buchhandlung

tienda
Geschäft

floristería
Blumenladen

supermercado
Supermarkt

mercado
Markt

grandes almacenes
Kaufhaus

pescadería
Fischhändler

centro comercial
Einkaufszentrum

puerto
Hafen

parque

Park

banco

Bank

puente

Brücke

escaleras

Treppe

metro

U-Bahn

túnel

Tunnel

parada de autobús

Bushaltestelle

bar

Bar

restaurante

Restaurant

buzón

Briefkasten

poste indicador

Straßenschild

parquímetro

Parkuhr

zoo

Zoo

piscina

Badeanstalt

mezquita

Moschee

granja
Bauernhof

contaminación
Umweltverschmutzung

cementerio
Friedhof

iglesia
Kirche

patio de juego
Spielplatz

templo
Tempel

paisaje
Landschaft

hoja
Blatt

señal
Wegweiser

camino
Weg

prado
Wiese

piedra
Stein

excursionista
Wanderer

árbol
Baum

río
Fluss

hierba
Gras

flor
Blume

valle
Tal

colina
Berg

lago
See

bosque
Wald

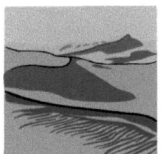

desierto
Wüste

volcán
Vulkan

castillo
Schloss

arcoíris
Regenbogen

champiñón
Pilz

palmera
Palme

mosquito
Moskito

mosca
Fliege

hormiga
Ameise

abeja
Biene

araña
Spinne

escarabajo

Käfer

rana

Frosch

ardilla

Eichhörnchen

erizo

Igel

liebre

Hase

lechuza

Eule

pájaro

Vogel

cisne

Schwan

jabalí

Wildschwein

ciervo

Hirsch

alce

Elch

presa

Staudamm

turbina eólica

Windrad

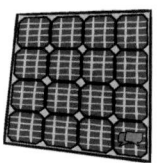

panel solar

Solarmodul

clima

Klima

restaurante
Restaurant

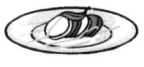

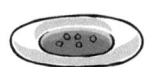

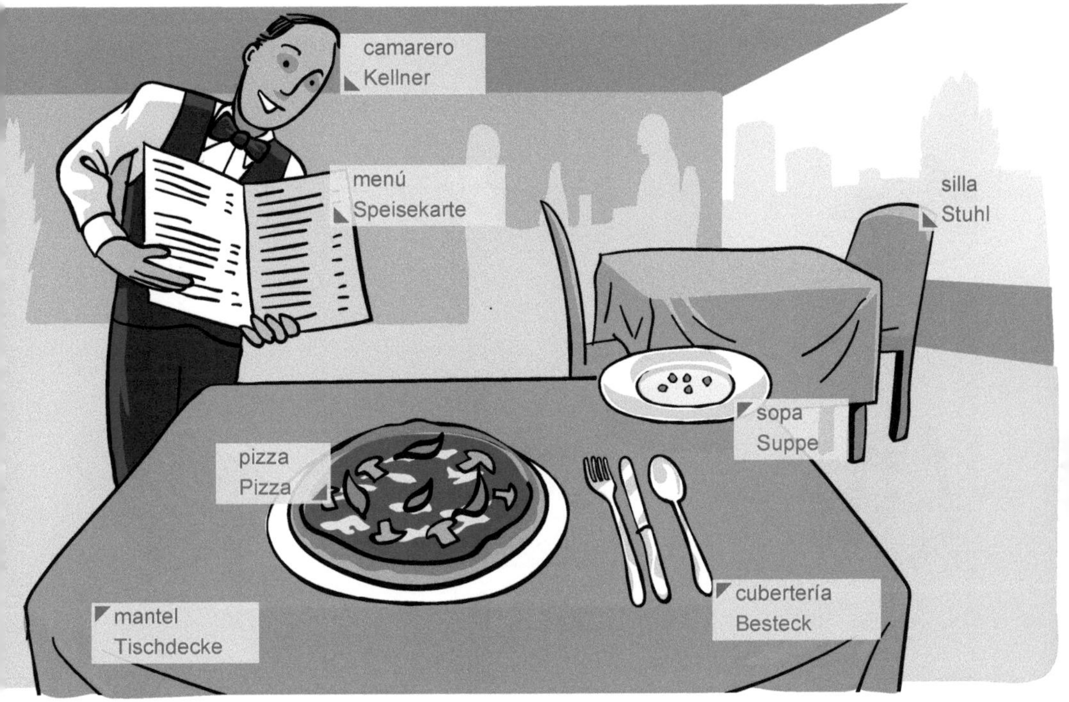
camarero
Kellner
menú
Speisekarte
silla
Stuhl
sopa
Suppe
pizza
Pizza
cubertería
Besteck
mantel
Tischdecke

primer plato

Vorspeise

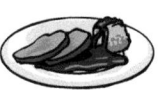

plato principal

Hauptgericht

postre

Nachspeise

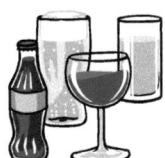

bebidas

Getränke

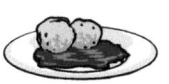

comida

Essen

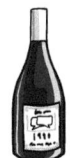

botella

Flasche

comida rápida
Fastfood

comida callejera
Streetfood

tetera
Teekanne

azucarero
Zuckerdose

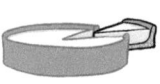

porción
Portion

cafetera expreso
Espressomaschine

trona
Hochstuhl

cuenta
Rechnung

bandeja
Tablett

cuchillo
Messer

tenedor
Gabel

cuchara
Löffel

cucharilla
Teelöffel

servilleta
Serviette

vaso
Glas

plato

Teller

plato hondo

Suppenteller

platillo

Untertasse

salsa

Sauce

salero

Salzstreuer

molinillo de pimienta

Pfeffermühle

vinagre

Essig

aceite

Öl

especias

Gewürze

ketchup

Ketchup

mostaza

Senf

mayonesa

Mayonnaise

supermercado
Supermarkt

oferta especial
Angebot
FOR
cliente
Kunde
lácteos
Milchprodukte
fruta
Obst
carro de la compra
Einkaufswagen

BUTCHERS

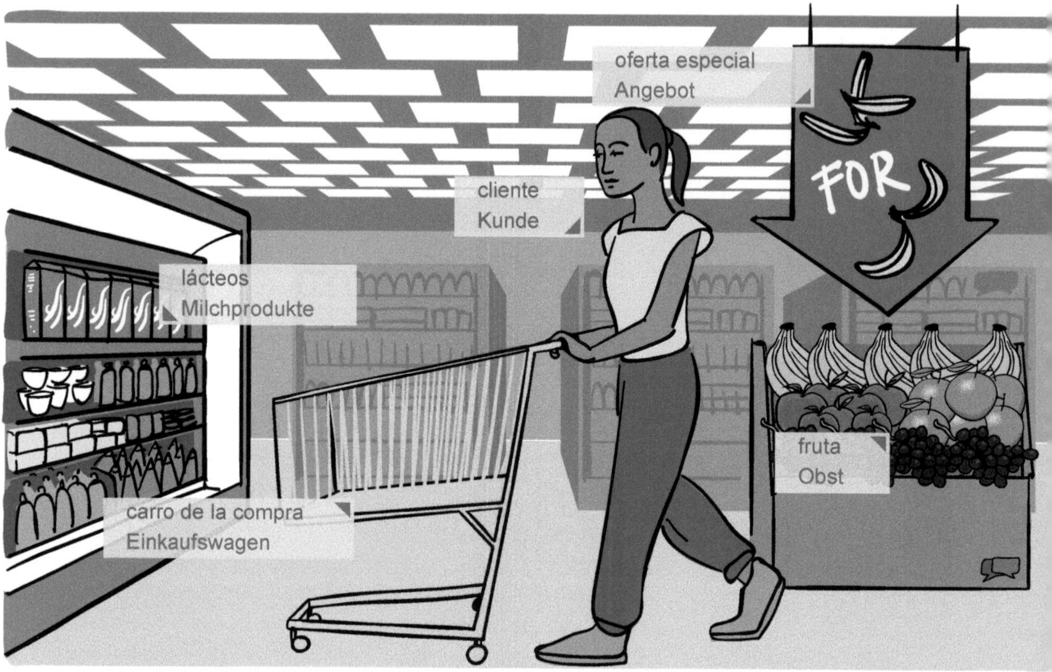

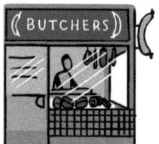

carnicería

Schlachterei

BAKERY

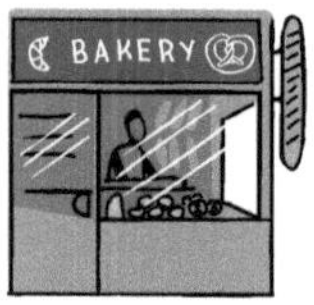

panadería

Bäckerei

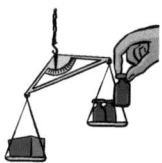

pesar

wiegen

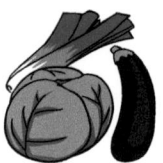

verduras

Gemüse

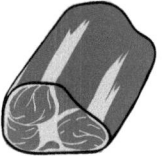

carne

Fleisch

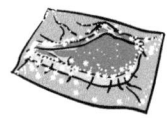

alimentos congelados

Tiefkühlkost

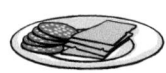

fiambres

Aufschnitt

conservas

Konserven

detergente en polvo

Waschmittel

dulces

Süßigkeiten

productos de uso doméstico

Haushaltsartikel

productos de limpieza

Reinigungsmittel

vendedora

Verkäuferin

caja

Kasse

cajero

Kassierer

lista de la compra

Einkaufsliste

horario de atención al público

Öffnungszeiten

cartera

Brieftasche

tarjeta de crédito

Kreditkarte

bolsa

Tasche

bolsa de plástico

Plastiktüte

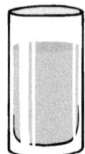

agua

Wasser

zumo

Saft

leche

Milch

cola

Cola

vino

Wein

cerveza

Bier

alcohol

Alkohol

cacao

Kakao

té

Tee

café

Kaffee

expreso

Espresso

capuchino

Cappuccino

plátano

Banane

manzana

Apfel

naranja

Orange

melón

Melone

limón

Zitrone

zanahoria

Karotte

ajo

Knoblauch

bambú

Bambus

cebolla

Zwiebel

champiñón

Pilz

avellanas

Nüsse

fideos

Nudeln

espagueti

Spaghetti

arroz

Reis

ensalada

Salat

patatas fritas

Pommes frites

patatas fritas

Bratkartoffeln

pizza

Pizza

hamburguesa

Hamburger

sándwich

Sandwich

filete

Schnitzel

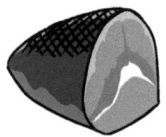

jamón

Schinken

salami

Salami

salchicha

Wurst

pollo

Huhn

asado

Braten

pescado

Fisch

copos de avena

Haferflocken

muesli

Müsli

copos de maíz

Cornflakes

harina

Mehl

cruasán

Croissant

panecillo

Brötchen

pan

Brot

tostada

Toast

galletas

Kekse

mantequilla

Butter

cuajada

Quark

pastel

Kuchen

huevo

Ei

huevo frito

Spiegelei

queso

Käse

helado

Eiscreme

azúcar

Zucker

miel

Honig

mermelada

Marmelade

crema de turrón

Nougat-Creme

curry

Curry

granja
Bauernhof

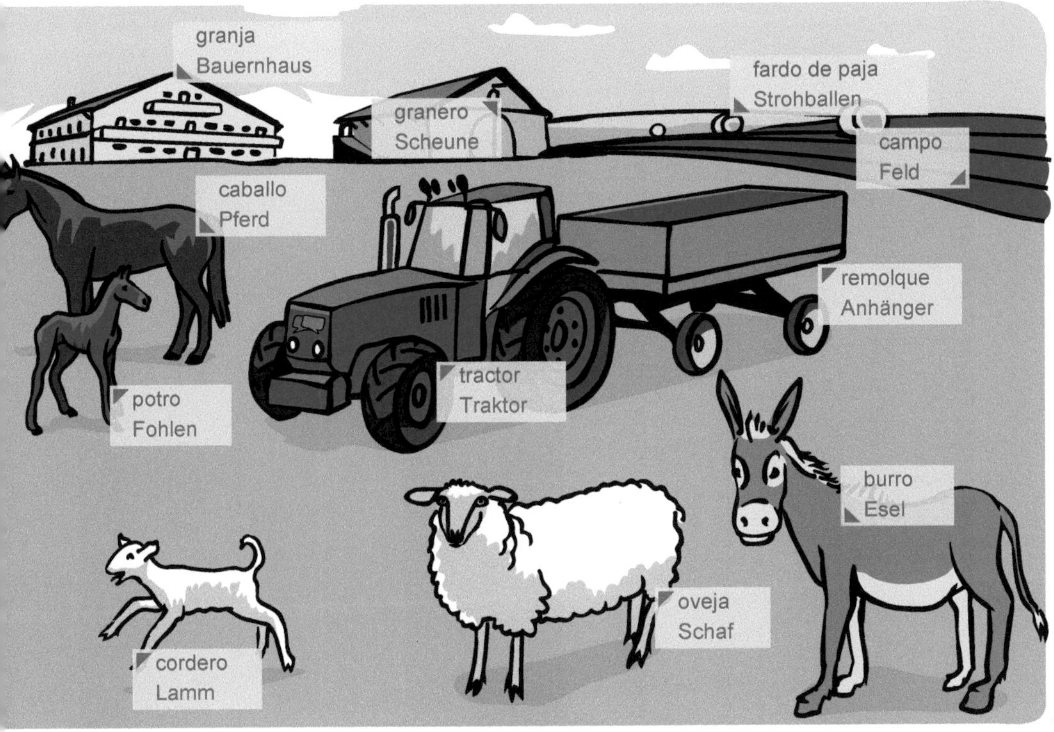
granja
Bauernhaus
granero
Scheune
fardo de paja
Strohballen
campo
Feld
caballo
Pferd
remolque
Anhänger
tractor
Traktor
potro
Fohlen
burro
Esel
oveja
Schaf
cordero
Lamm

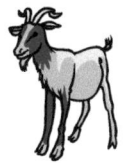

cabra

Ziege

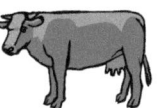

vaca

Kuh

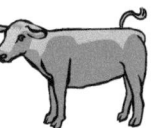

ternero

Kalb

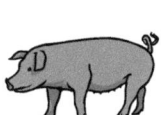

cerdo

Schwein

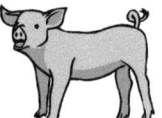

cerdito

Ferkel

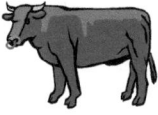

toro

Bulle

ganso

Gans

pato

Ente

pollo

Küken

gallina

Huhn

gallo

Hahn

rata

Ratte

gato

Katze

ratón

Maus

buey

Ochse

perro

Hund

perrera

Hundehütte

manguera

Gartenschlauch

regadera

Gießkanne

guadaña

Sense

arado

Pflug

hoz

Sichel

azada

Hacke

horca

Mistgabel

hacha

Axt

carretilla

Schubkarre

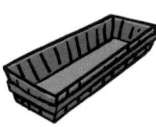

abrevadero

Trog

lechera

Milchkanne

saco

Sack

valla

Zaun

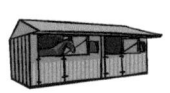

establo

Stall

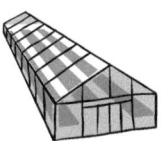

invernadero

Treibhaus

suelo

Boden

semilla

Saat

fertilizador

Dünger

cosechadora

Mähdrescher

cosechar

ernten

cosecha

Ernte

ñame

Yamswurzel

trigo

Weizen

soja

Soja

patata

Kartoffel

maíz

Mais

semilla de colza

Raps

árbol frutal

Obstbaum

mandioca

Maniok

cereales

Getreide

casa

Haus

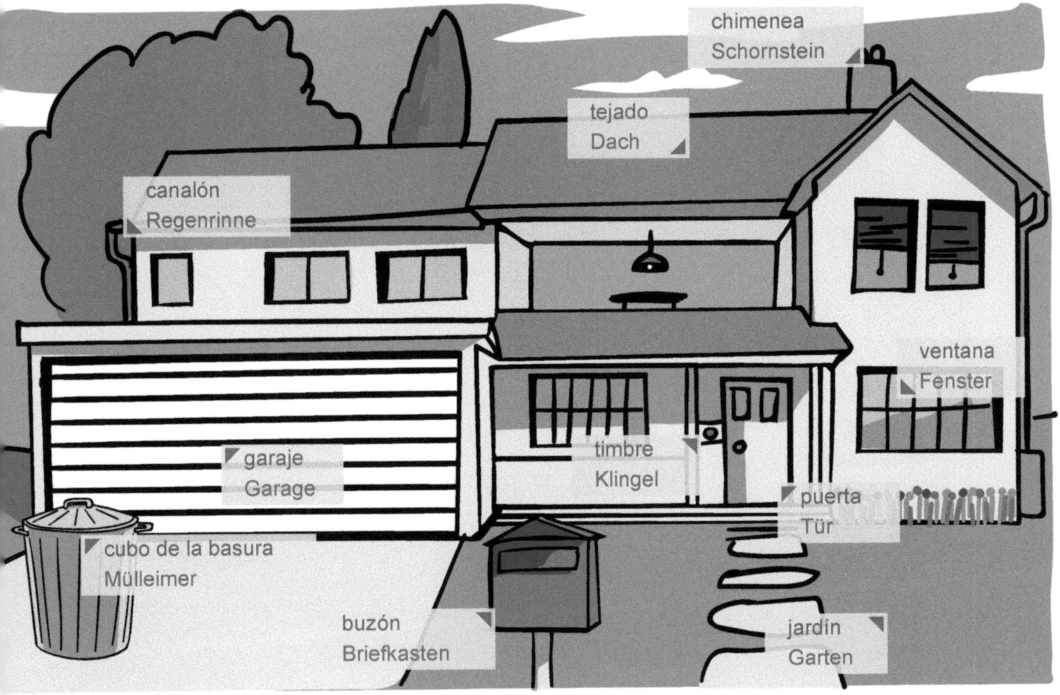
chimenea
Schornstein
tejado
Dach
canalón
Regenrinne
ventana
Fenster
garaje
Garage
timbre
Klingel
puerta
Tür
cubo de la basura
Mülleimer
buzón
Briefkasten
jardín
Garten

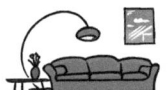

sala

Wohnzimmer

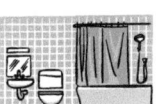

cuarto de baño

Badezimmer

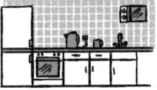

cocina

Küche

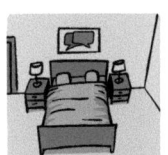

dormitorio

Schlafzimmer

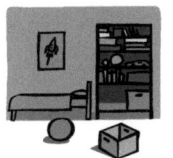

habitación de los niños

Kinderzimmer

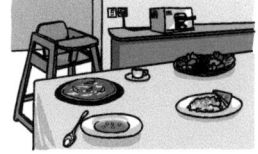

comedor

Esszimmer

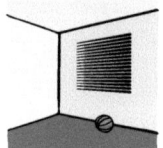

suelo
....
Boden

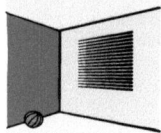

pared
....
Wand

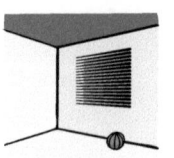

techo
....
Decke

sótano
....
Keller

sauna
....
Sauna

balcón
....
Balkon

terraza
....
Terrasse

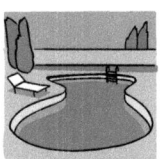

piscina
....
Schwimmbad

cortacésped
....
Rasenmäher

sábana
....
Bettbezug

colcha
....
Bettdecke

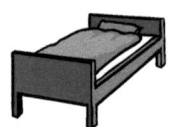

cama
....
Bett

escoba
....
Besen

balde
....
Eimer

interruptor
....
Schalter

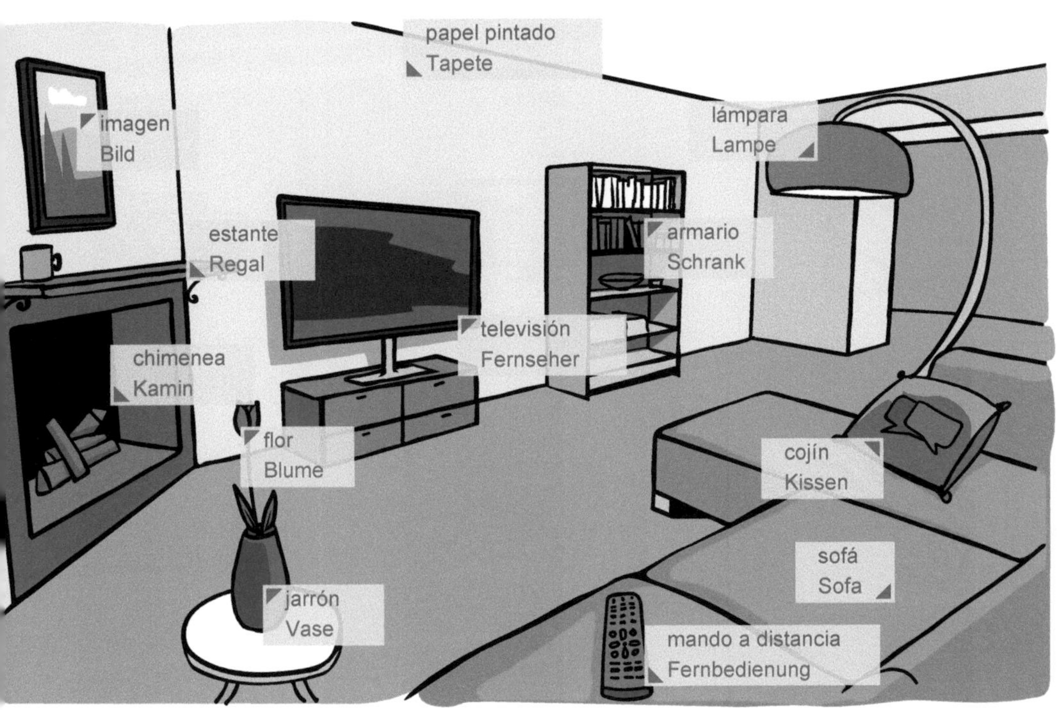

papel pintado
Tapete

imagen
Bild

lámpara
Lampe

estante
Regal

armario
Schrank

chimenea
Kamin

televisión
Fernseher

flor
Blume

cojín
Kissen

sofá
Sofa

jarrón
Vase

mando a distancia
Fernbedienung

alfombra
Teppich

cortina
Vorhang

mesa
Tisch

silla
Stuhl

mecedora
Schaukelstuhl

butaca
Sessel

libro

Buch

manta

Decke

decoración

Dekoration

leña

Feuerholz

película

Film

equipo de música

Stereoanlage

llave

Schlüssel

periódico

Zeitung

pintura

Gemälde

póster

Poster

radio

Radio

cuaderno

Notizblock

aspiradora

Staubsauger

cactus

Kaktus

vela

Kerze

cocina
Küche

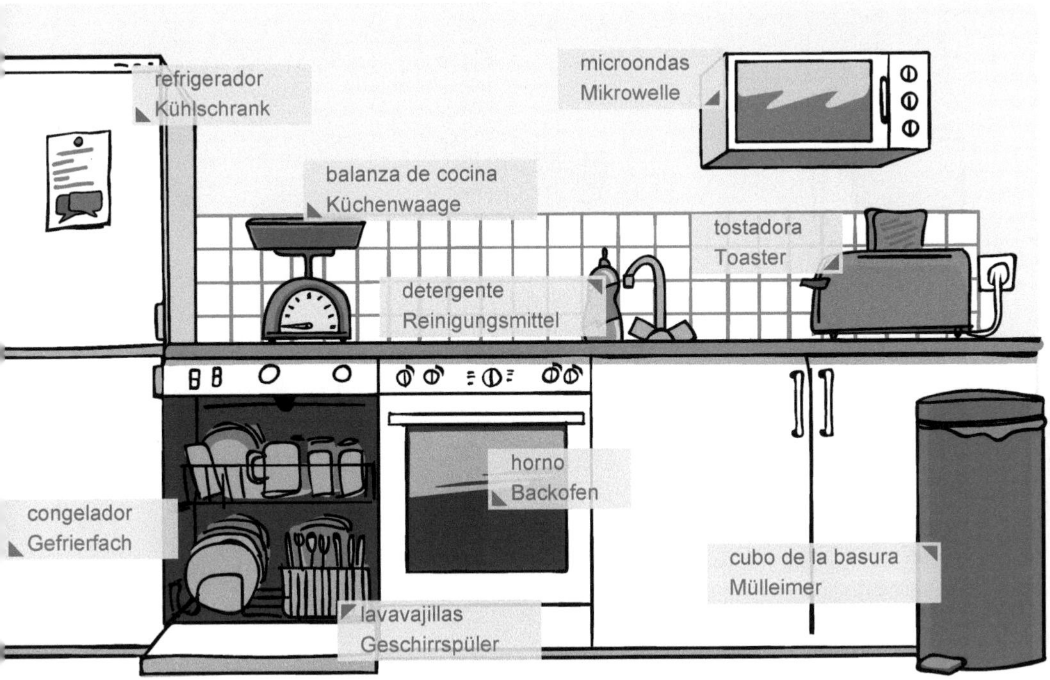
refrigerador
Kühlschrank
microondas
Mikrowelle
balanza de cocina
Küchenwaage
tostadora
Toaster
detergente
Reinigungsmittel
horno
Backofen
congelador
Gefrierfach
cubo de la basura
Mülleimer
lavavajillas
Geschirrspüler

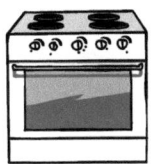

olla a presión
Herd

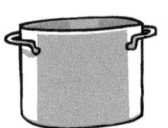

olla
Topf

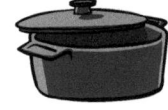

olla de hierro fundido
Eisentopf

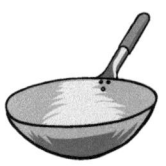

wok / karahi
Wok / Kadai

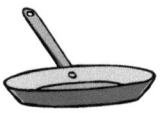

cazuela
Pfanne

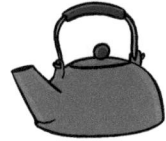

hervidor
Wasserkocher

vaporera

Dampfgarer

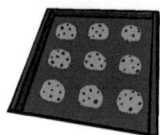

chapa de horno

Backblech

vajilla

Geschirr

taza

Becher

tazón

Schale

palillos

Essstäbchen

cucharón

Suppenkelle

espumadera

Pfannenwender

batidor

Schneebesen

colador

Kochsieb

cedazo

Sieb

rallador

Reibe

mortero

Mörser

barbacoa

Grill

hoguera

Feuerstelle

cocina - Küche

tabla de picar

Schneidebrett

rodillo

Nudelholz

sacacorchos

Korkenzieher

lata

Dose

abrelatas

Dosenöffner

agarrador

Topflappen

lavabo

Waschbecken

cepillo

Bürste

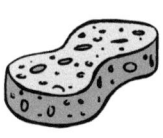

esponja

Schwamm

batidora

Mixer

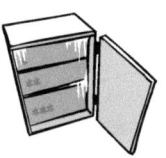

congelador

Gefriertruhe

biberón

Babyflasche

grifo

Wasserhahn

cuarto de baño

Badezimmer

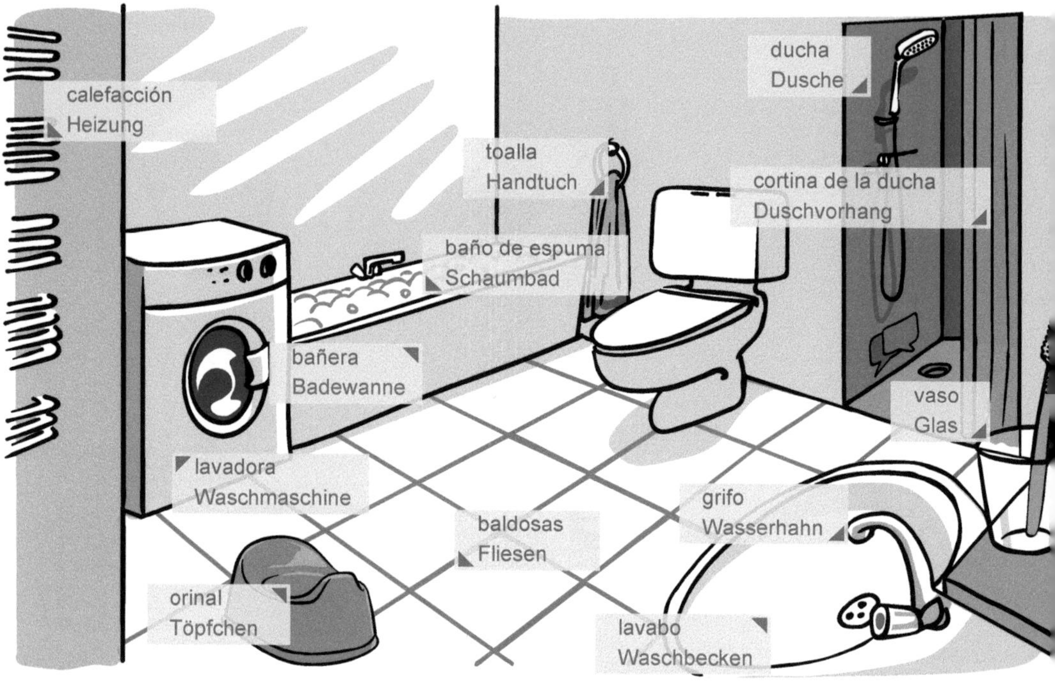

calefacción
Heizung
ducha
Dusche
toalla
Handtuch
cortina de la ducha
Duschvorhang
baño de espuma
Schaumbad
bañera
Badewanne
vaso
Glas
lavadora
Waschmaschine
grifo
Wasserhahn
baldosas
Fliesen
orinal
Töpfchen
lavabo
Waschbecken

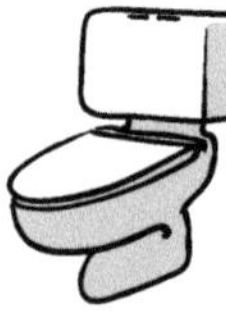

inodoro

Toilette

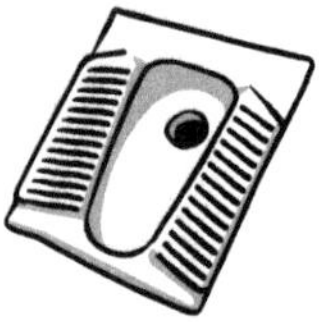

inodoro rústico

Hocktoilette

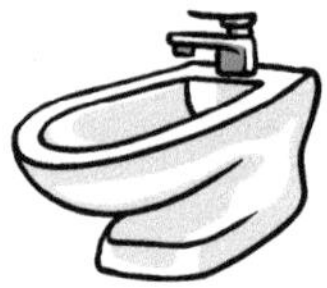

bidé

Bidet

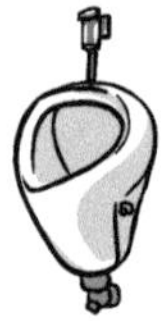

urinario

Pissoir

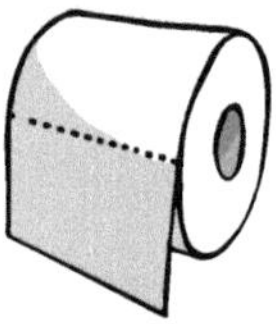

papel higiénico

Toilettenpapier

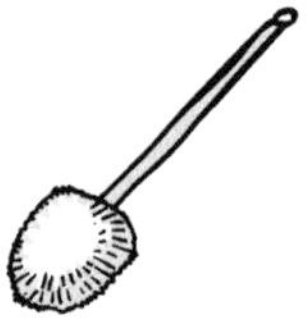

escobilla del váter

Toilettenbürste

cepillo de dientes
Zahnbürste

pasta de dientes
Zahnpasta

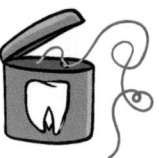

hilo dental
Zahnseide

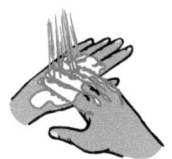

lavar
waschen

ducha de mano
Handbrause

ducha íntima
Intimdusche

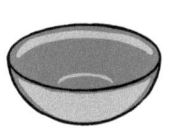

pila
Waschschüssel

cepillo de espalda
Rückenbürste

jabón
Seife

gel de ducha
Duschgel

champú
Shampoo

toallita
Waschlappen

desagüe
Abfluss

crema
Creme

desodorante
Deodorant

espejo

Spiegel

espejo de tocador

Kosmetikspiegel

maquinilla de afeitar

Rasierer

espuma de afeitar

Rasierschaum

loción postafeitado

Rasierwasser

peine

Kamm

cepillo

Bürste

secador

Föhn

laca

Haarspray

maquillaje

Makeup

pintalabios

Lippenstift

pintauñas

Nagellack

algodón

Watte

cortauñas

Nagelschere

perfume

Parfum

estuche de viaje

Kulturbeutel

banqueta

Hocker

balanza

Waage

albornoz

Bademantel

guantes de goma

Gummihandschuhe

tampón

Tampon

compresa

Damenbinde

inodoro químico

Chemietoilette

habitación de los niños
Kinderzimmer

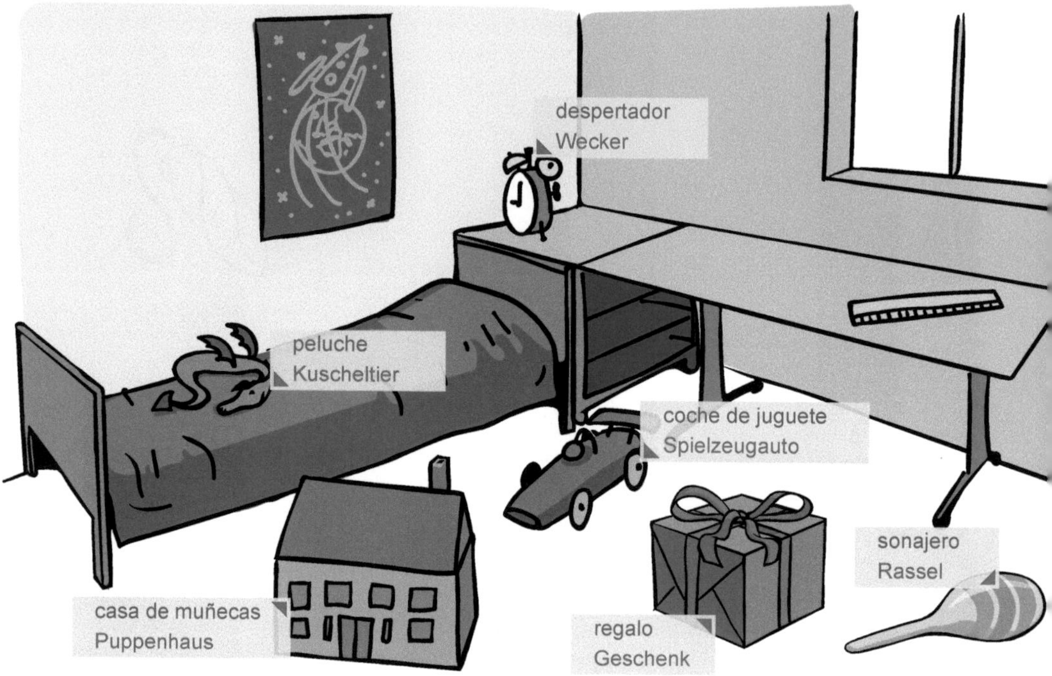
despertador
Wecker
peluche
Kuscheltier
coche de juguete
Spielzeugauto
sonajero
Rassel
casa de muñecas
Puppenhaus
regalo
Geschenk

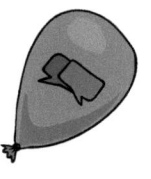

globo
Ballon

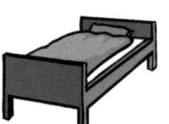

cama
Bett

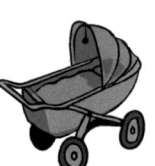

coche de niño
Kinderwagen

naipes
Kartenspiel

puzle
Puzzle

SUPER
MEGA

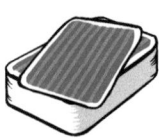

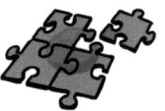

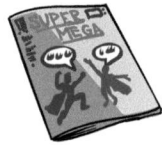

tebeo
Comic

piezas de lego

Legosteine

bloques de juguete

Bausteine

figura de acción

Action Figur

bodi (de bebé)

Strampelanzug

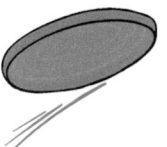

frisbee

Frisbee

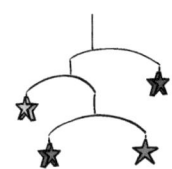

colgador móvil para bebés

Mobile

juego de mesa

Brettspiel

dados

Würfel

circuito de tren eléctrico

Modelleisenbahn

maniquí

Schnuller

fiesta

Party

álbum de fotos

Bilderbuch

pelota

Ball

muñeca

Puppe

jugar

spielen

cajón de arena

Sandkasten

columpio

Schaukel

juguetes

Spielzeug

videoconsola

Spielkonsole

triciclo

Dreirad

oso de peluche

Teddy

guardarropa

Kleiderschrank

ropa
Kleidung

calcetines

Socken

medias

Strümpfe

leotardos

Strumpfhose

bufanda
Schal

cinturón
Gürtel

paraguas
Regenschirm

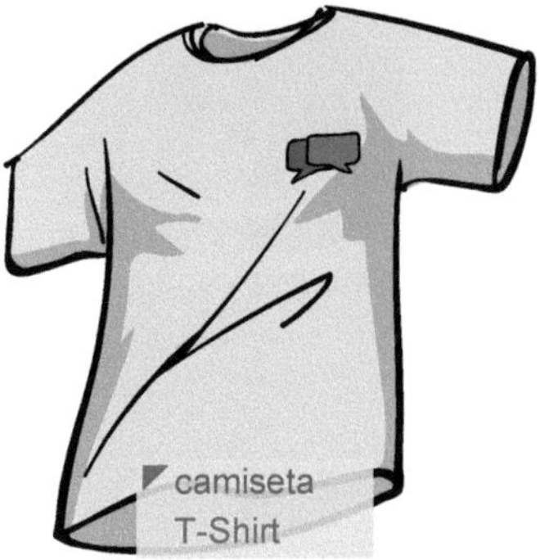

camiseta
T-Shirt

botas
Stiefel

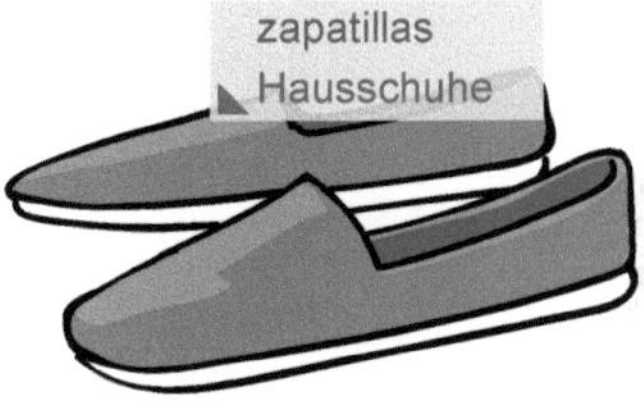

zapatillas
Hausschuhe

deportivas
Turnschuhe

sandalias	zapatos	botas de goma
Sandalen	Schuhe	Gummistiefel

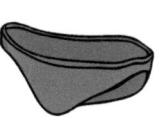

slip

Unterhose

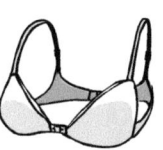

sostén

Büstenhalter

chaleco

Unterhemd

bodi

Body

pantalones

Hose

vaqueros

Jeans

falda

Rock

blusa

Bluse

camisa

Hemd

jersey

Pullover

suéter

Kapuzenpullover

blazer

Blazer

chaqueta

Jacke

abrigo

Mantel

gabardina

Regenmantel

traje

Kostüm

vestido

Kleid

vestido de novia

Hochzeitskleid

traje

Anzug

camisón

Nachthemd

pijama

Schlafanzug

sari

Sari

bandana

Kopftuch

turbante

Turban

burka

Burka

caftán

Kaftan

abaya

Abaya

traje de baño

Badeanzug

bañador

Badehose

pantalones cortos

Kurze Hose

chándal

Trainingsanzug

delantal

Schürze

guantes

Handschuhe

botón
Knopf

gafas
Brille

brazalete
Armband

collar
Halskette

anillo
Ring

pendiente
Ohrring

gorra
Mütze

percha
Kleiderbügel

sombrero
Hut

corbata
Krawatte

cremallera
Reißverschluss

casco
Helm

tirantes
Hosenträger

uniforme escolar
Schuluniform

uniforme
Uniform

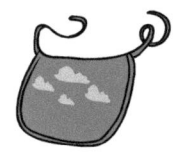

babero

Lätzchen

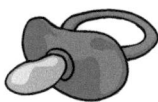

maniquí

Schnuller

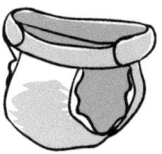

pañal

Windel

oficina
Büro

servidor
Server
archivo
Aktenschrank
impresora
Drucker
papel
Papier
monitor
Monitor
ratón
Maus
escritorio
Schreibtisch
carpeta
Ordner
teclado
Tastatur
silla
Stuhl
papelera
Papierkorb
ordenador
Computer

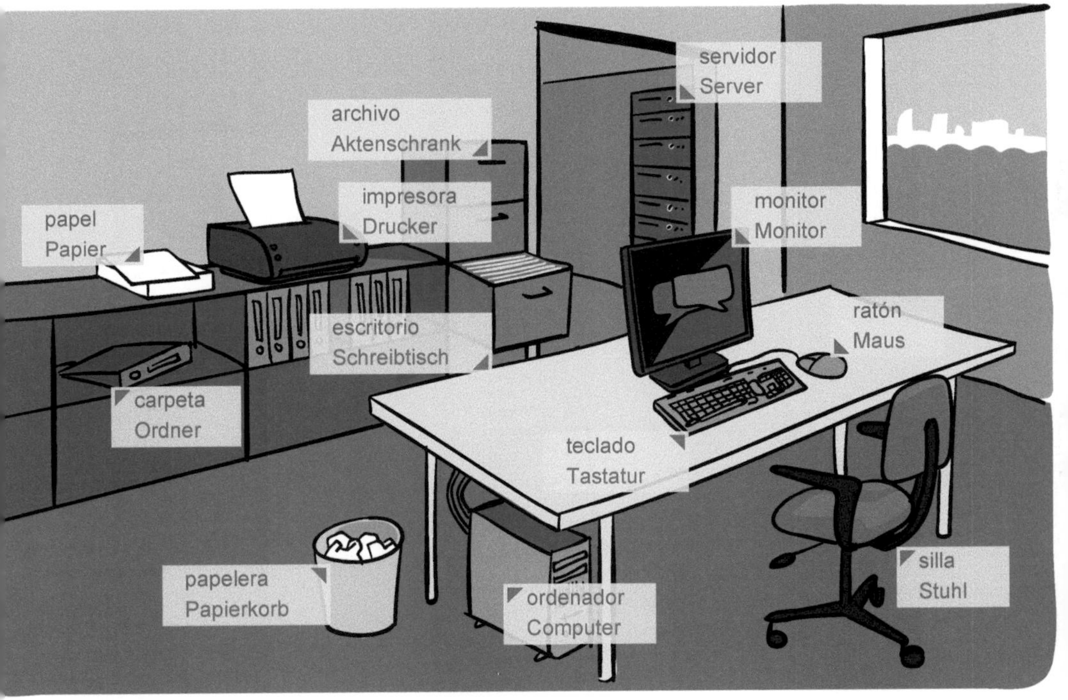

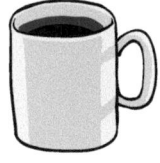

taza de café

Kaffeebecher

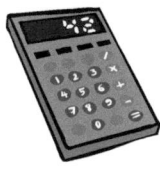

calculadora

Taschenrechner

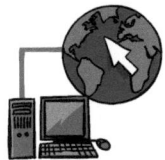

internet

Internet

portátil

Laptop

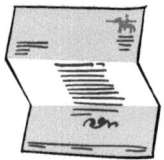

carta

Brief

mensaje

Nachricht

móvil

Handy

red

Netzwerk

fotocopiadora

Kopierer

software

Software

teléfono

Telefon

toma de corriente

Steckdose

fax

Fax

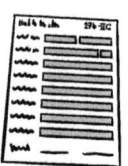

formulario

Formular

documento

Dokument

comprar

kaufen

pagar

bezahlen

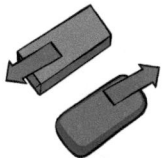

comerciar

handeln

dinero

Geld

dólar

Dollar

euro

Euro

yen

Yen

rublo

Rubel

franco suizo

Franken

renminbi yuan

Renminbi Yuan

rupia

Rupie

cajero automático

Geldautomat

oficina de cambio de divisas

Wechselstube

oro

Gold

plata

Silber

petróleo

Öl

energía

Energie

precio

Preis

contrato

Vertrag

impuesto

Steuer

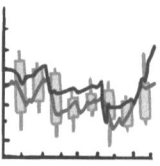

acción

Aktie

trabajar

arbeiten

empleado

Angestellter

empleador

Arbeitgeber

fábrica

Fabrik

tienda

Geschäft

oficios
Berufe

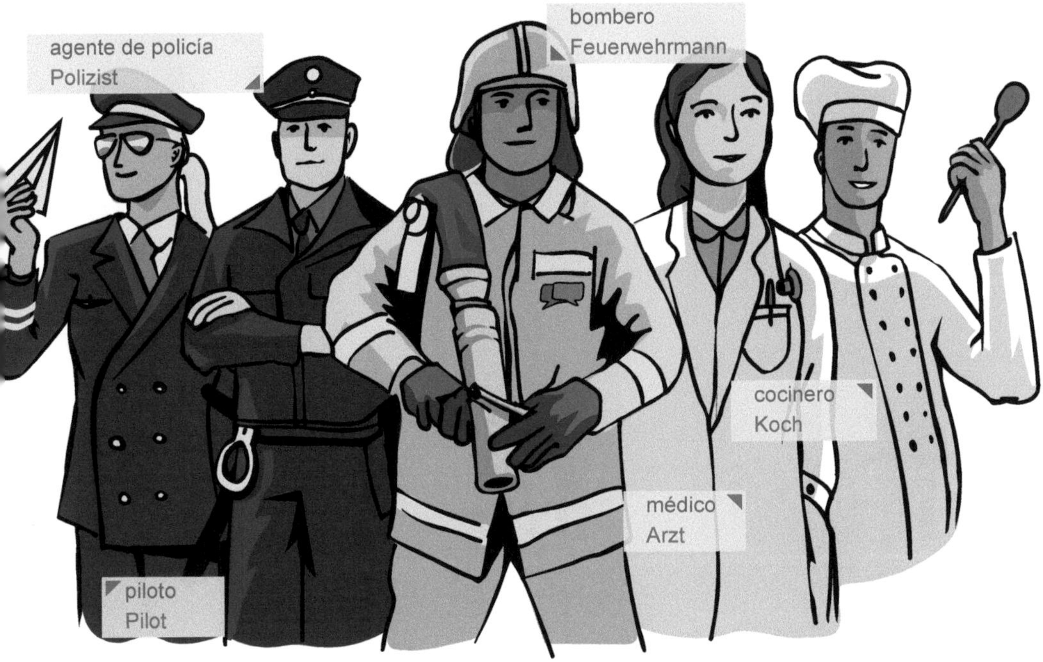
bombero
Feuerwehrmann
agente de policía
Polizist
cocinero
Koch
médico
Arzt
piloto
Pilot

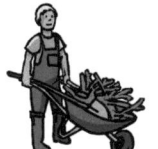

jardinero

Gärtner

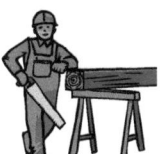

carpintero

Tischler

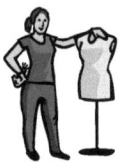

costurera

Näherin

juez

Richter

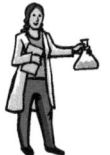

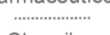

farmacéutico

Chemiker

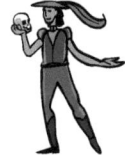

actor

Schauspieler

conductor de autobús

Busfahrer

taxista

Taxifahrer

pescador

Fischer

señora de la limpieza

Putzfrau

techador

Dachdecker

camarero

Kellner

cazador

Jäger

pintor

Maler

panadero

Bäcker

electricista

Elektriker

obrero

Bauarbeiter

ingeniero

Ingenieur

carnicero

Schlachter

fontanero

Klempner

cartero

Postbote

soldado

Soldat

arquitecto

Architekt

cajero

Kassierer

florista

Florist

peluquero

Friseur

revisor

Schaffner

mecánico

Mechaniker

capitán

Kapitän

dentista

Zahnarzt

científico

Wissenschaftler

rabino

Rabbi

imán

Imam

monje

Mönch

sacerdote

Geistlicher

herramientas
Werkzeuge

martillo
Hammer
alicates
Zange
destornillador
Schraubendreher
llave
Schraubenschlüssel
linterna
Taschenlampe

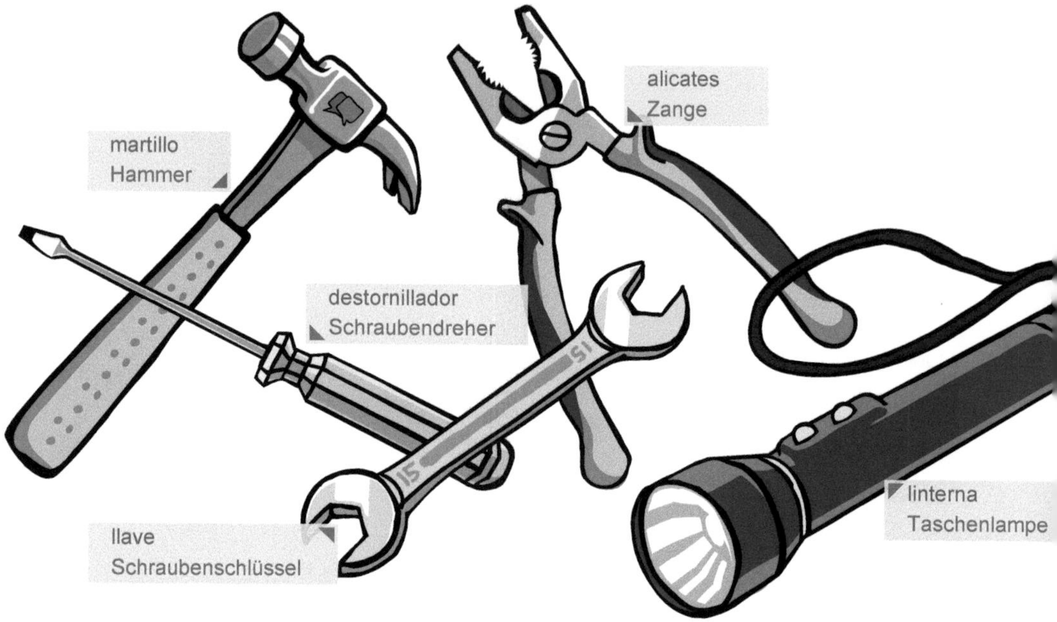

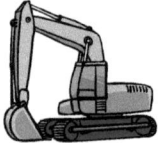

excavadora

Bagger

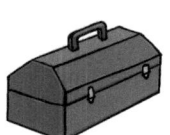

caja de herramientas

Werkzeugkasten

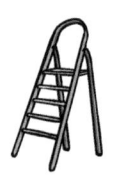

escalera de mano

Leiter

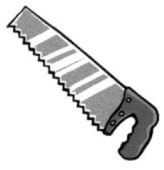

sierra

Säge

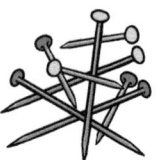

clavos

Nägel

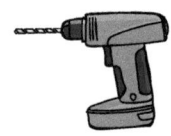

taladro

Bohrer

reparar

reparieren

pala

Schaufel

¡Maldita sea!

Mist!

recogedor

Kehrblech

bote de pintura

Farbtopf

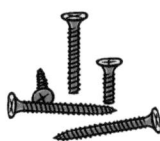

tornillos

Schrauben

instrumentos musicales
Musikinstrumente

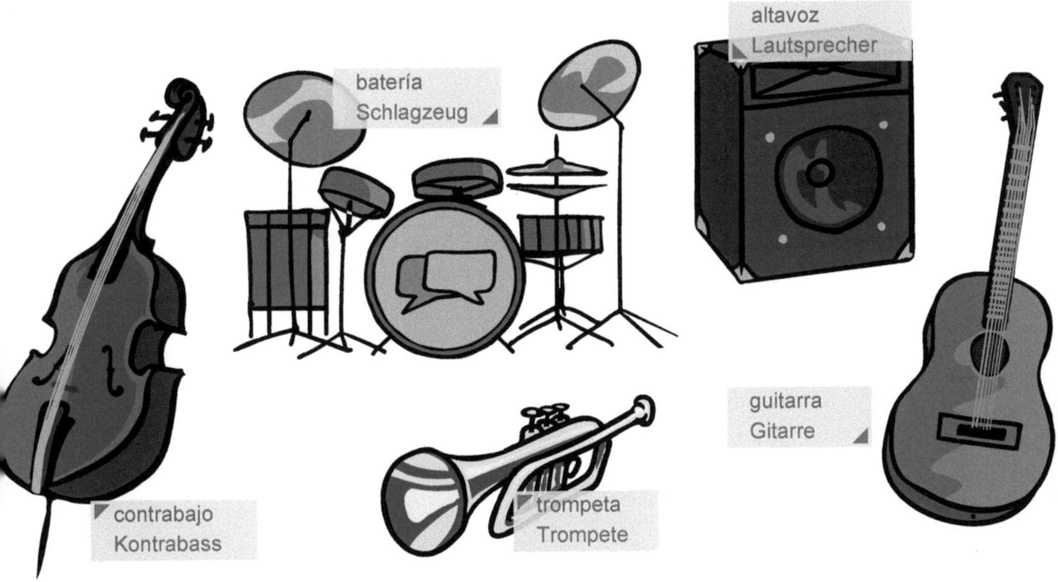

altavoz
Lautsprecher

batería
Schlagzeug

guitarra
Gitarre

contrabajo
Kontrabass

trompeta
Trompete

piano

Klavier

violín

Violine

bajo

Bass

timbales

Pauke

tambor

Trommeln

teclado

Keyboard

saxofón

Saxophon

flauta

Flöte

micrófono

Mikrofon

instrumentos musicales - Musikinstrumente

zoo
Zoo

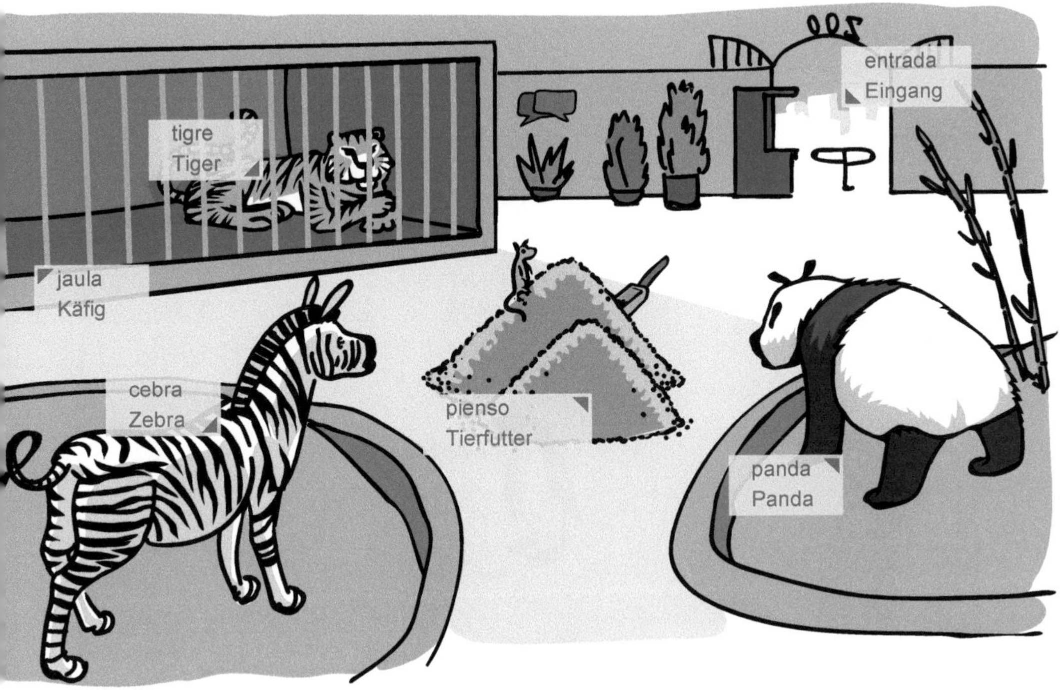

entrada
Eingang
tigre
Tiger
jaula
Käfig
cebra
Zebra
pienso
Tierfutter
panda
Panda

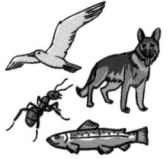

animales

Tiere

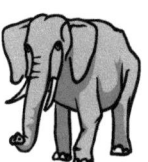

elefante

Elefant

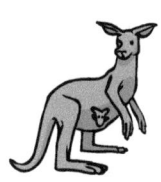

canguro

Känguru

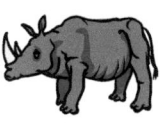

rinoceronte

Nashorn

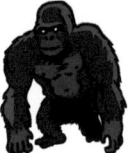

gorila

Gorilla

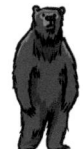

oso

Bär

camello

Kamel

avestruz

Strauß

león

Löwe

mono

Affe

flamingo

Flamingo

loro

Papagei

oso polar

Eisbär

pingüino

Pinguin

tiburón

Hai

pavo real

Pfau

serpiente

Schlange

cocodrilo

Krokodil

guardián de zoológico

Zoowärter

foca

Robbe

jaguar

Jaguar

poni

Pony

leopardo

Leopard

hipopótamo

Nilpferd

jirafa

Giraffe

águila

Adler

jabalí

Wildschwein

pescado

Fisch

tortuga

Schildkröte

morsa

Walross

zorro

Fuchs

gacela

Gazelle

fútbol americano
American Football

ciclismo
Radfahren

tenis
Tennis

baloncesto
Basketball

natación
Schwimmen

boxeo
Boxen

hockey sobre hielo
Eishockey

fútbol
Fußball

bádminton
Badminton

atletismo
Leichtathletik

balonmano
Handball

esquí
Skilaufen

polo
Polo

actividades
Aktivitäten

reír
lachen
saltar
springen
abrazar
umarmen
caminar
gehen
cantar
singen
soñar
träumen
rezar
beten
besar
küssen

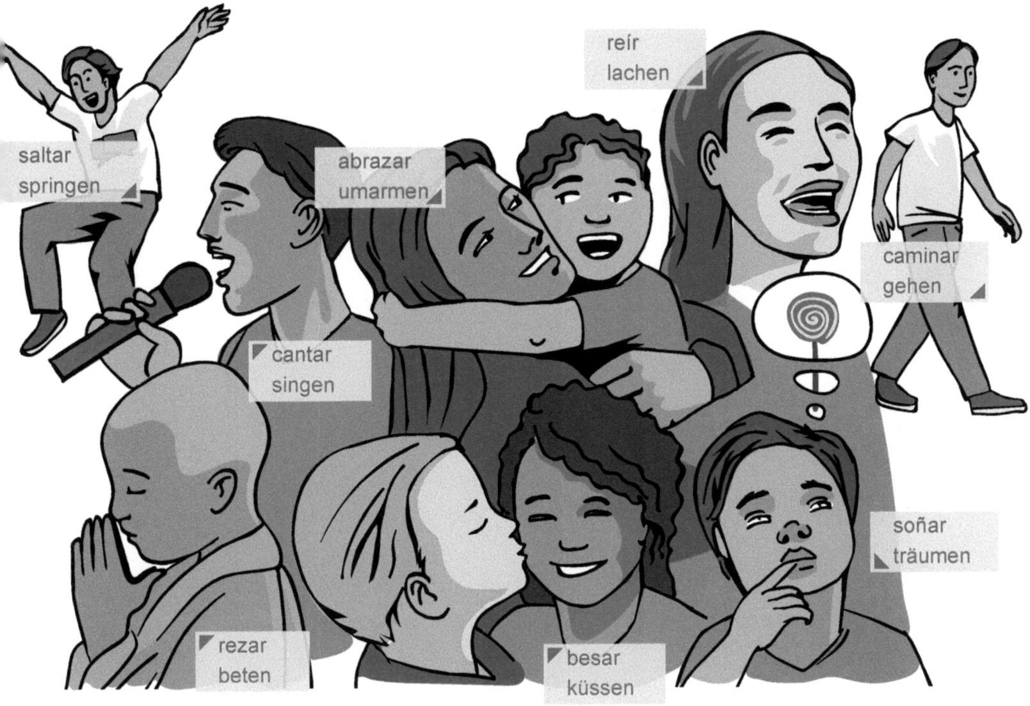

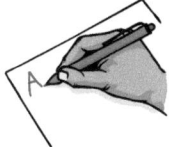

escribir

schreiben

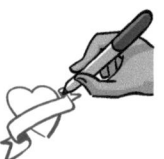

dibujar

zeichnen

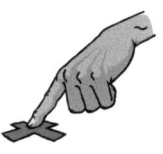

mostrar

zeigen

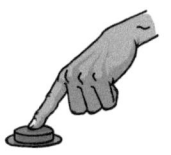

empujar

drücken

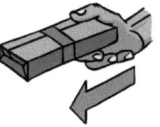

dar

geben

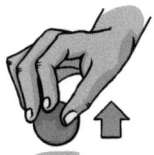

tomar

nehmen

tener
haben

hacer
tun

ser
sein

estar de pie
stehen

correr
laufen

tirar
ziehen

tirar
werfen

caer
fallen

yacer
liegen

esperar
warten

llevar
tragen

estar sentado
sitzen

vestirse
anziehen

dormir
schlafen

despertar
aufwachen

mirar

ansehen

llorar

weinen

acariciar

streicheln

peinar

kämmen

hablar

reden

entender

verstehen

preguntar

fragen

escuchar

hören

beber

trinken

comer

essen

ordenar

aufräumen

amar

lieben

cocinar

kochen

conducir

fahren

volar

fliegen

navegar

segeln

calcular

rechnen

leer

lesen

aprender

lernen

trabajar

arbeiten

casarse

heiraten

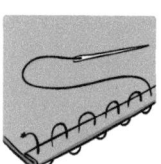

coser

nähen

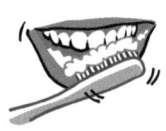

cepillarse los dientes

Zähne putzen

matar

töten

fumar

rauchen

enviar

senden

actividades - Aktivitäten

familia
Familie

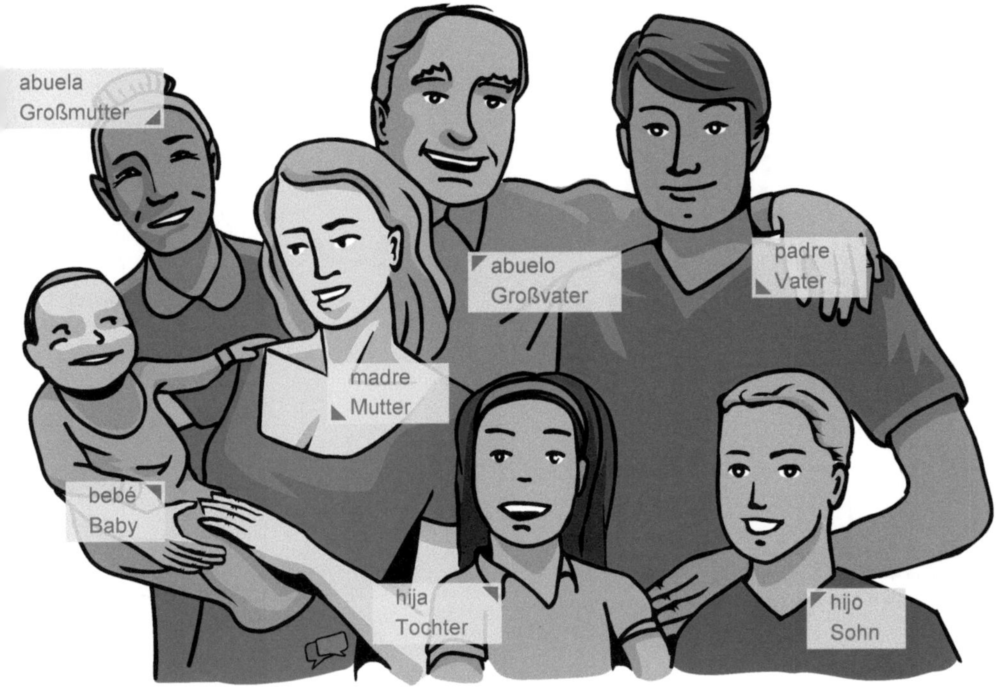
abuela
Großmutter
abuelo
Großvater
padre
Vater
madre
Mutter
bebé
Baby
hija
Tochter
hijo
Sohn

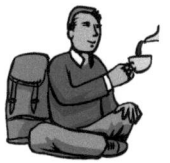

invitado

Gast

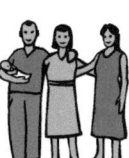

tía

Tante

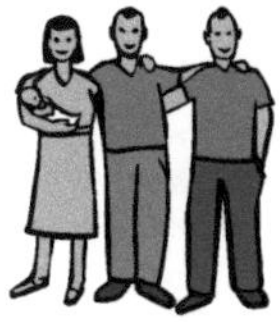

tío

Onkel

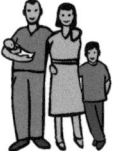

hermano

Bruder

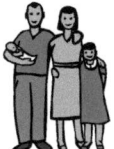

hermana

Schwester

cuerpo
Körper

frente
Stirn
ojo
Auge
hombro
Schulter
dedo
Finger
cara
Gesicht
barbilla
Kinn
mano
Hand
pecho
Brust
pierna
Bein
brazo
Arm

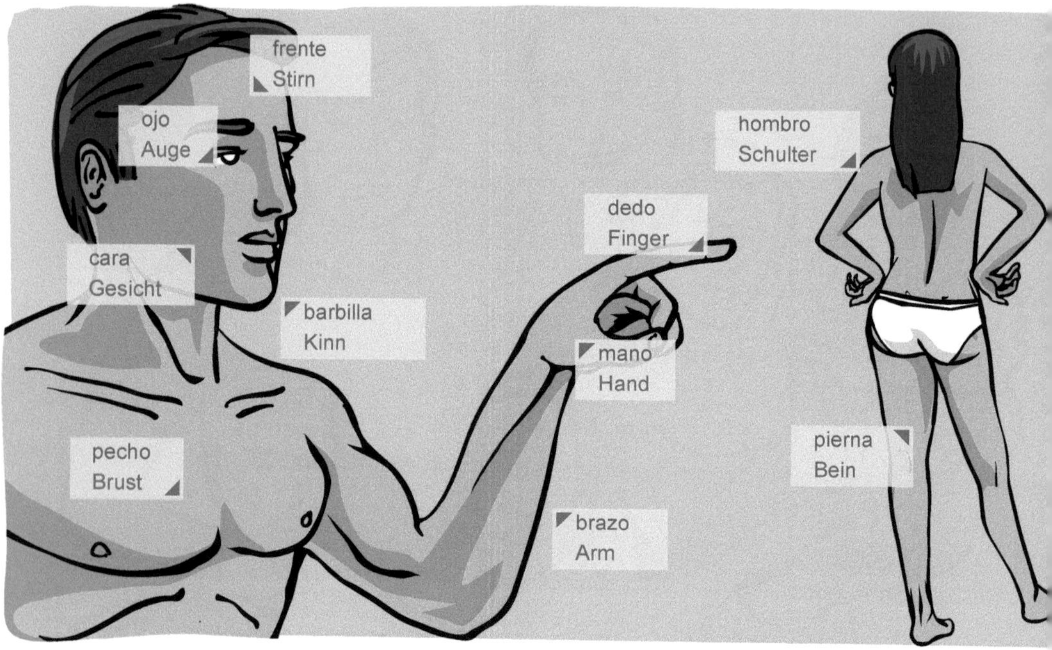

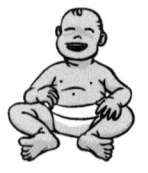

bebé

Baby

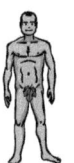

hombre

Mann

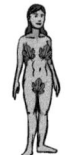

mujer

Frau

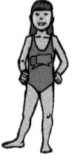

chica

Mädchen

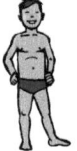

chico

Junge

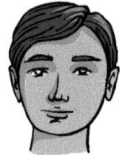

cabeza

Kopf

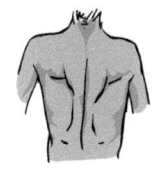

espalda

Rücken

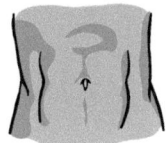

vientre

Bauch

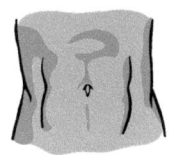

ombligo

Nabel

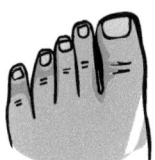

dedo del pie

Zeh

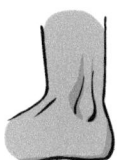

talón

Ferse

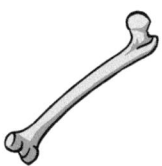

hueso

Knochen

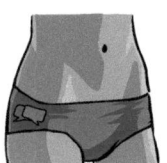

cadera

Hüfte

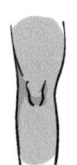

rodilla

Knie

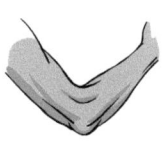

codo

Ellenbogen

nariz

Nase

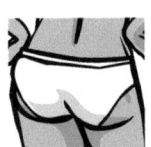

trasero

Gesäß

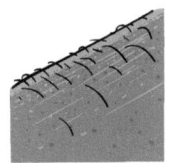

piel

Haut

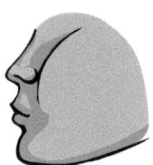

mejilla

Wange

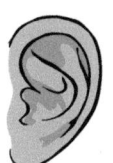

oído

Ohr

labio

Lippe

boca

Mund

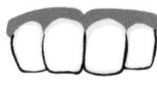

diente

Zahn

lengua

Zunge

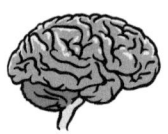

cerebro

Gehirn

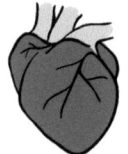

corazón

Herz

músculo

Muskel

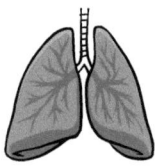

pulmón

Lunge

hígado

Leber

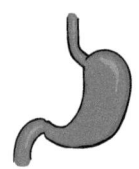

estómago

Magen

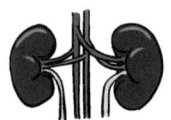

riñones

Nieren

sexo

Geschlechtsverkehr

condón

Kondom

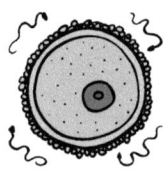

ovario

Eizelle

semen

Sperma

embarazo

Schwangerschaft

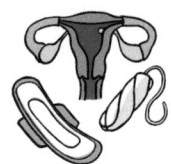

menstruación

Menstruation

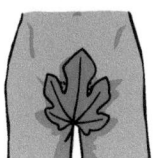

vagina

Vagina

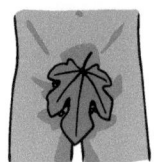

pene

Penis

ceja

Augenbraue

pelo

Haar

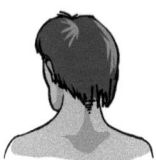

cuello

Hals

hospital
Krankenhaus

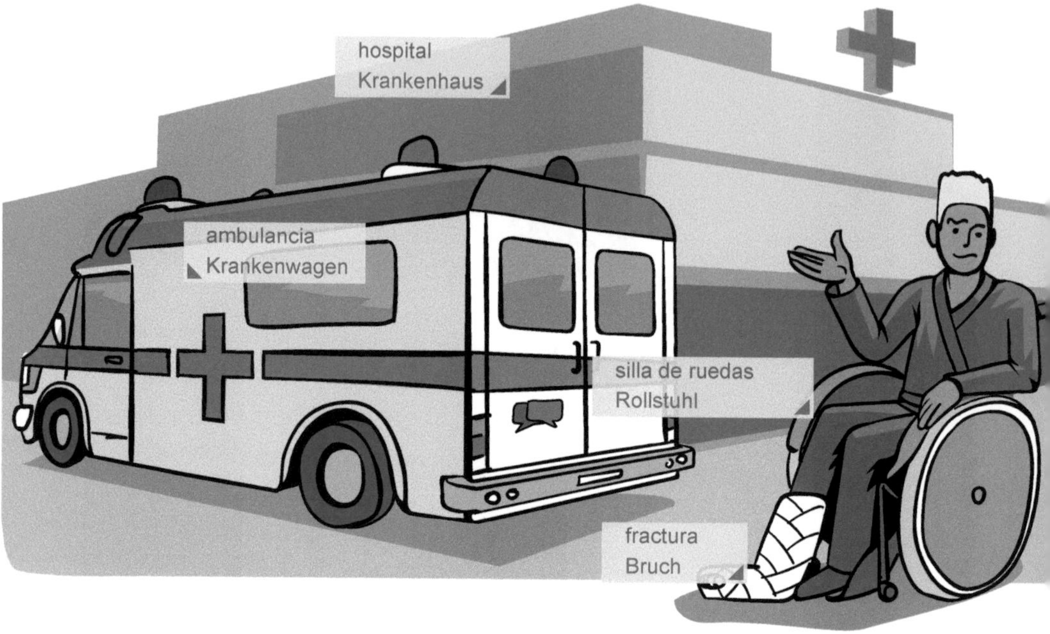

hospital
Krankenhaus
ambulancia
Krankenwagen
silla de ruedas
Rollstuhl
fractura
Bruch

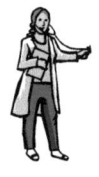

médico

Arzt

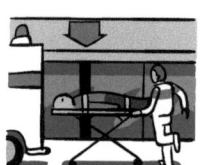

sala de urgencias

Notaufnahme

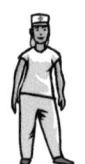

enfermera

Krankenschwester

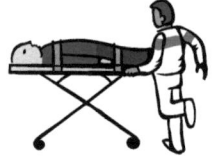

urgencia

Notfall

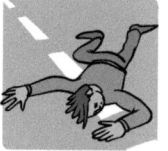

inconsciente

ohnmächtig

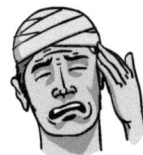

dolor

Schmerz

lesión

Verletzung

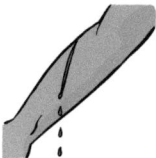

hemorragia

Blutung

infarto

Herzinfarkt

ictus

Schlaganfall

alergia

Allergie

tos

Husten

fiebre

Fieber

gripe

Grippe

diarrea

Durchfall

dolor de cabeza

Kopfschmerzen

cáncer

Krebs

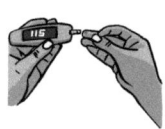

diabetes

Diabetis

cirujano

Chirurg

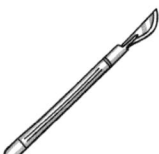

bisturí

Skalpell

operación

Operation

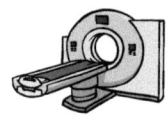

TAC

CT

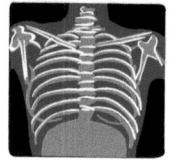

rayos x

Röntgen

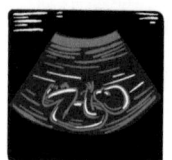

ultrasonido

Ultraschall

mascarilla

Maske

enfermedad

Krankheit

sala de espera

Wartezimmer

muleta

Krücke

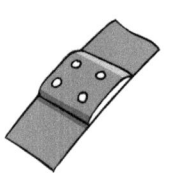

tirita

Pflaster

venda

Verband

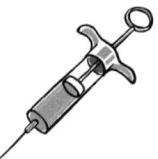

inyección

Injektion

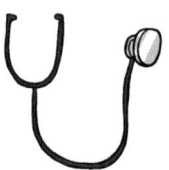

estetoscopio

Stethoskop

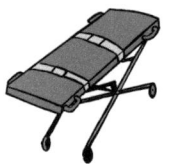

camilla

Trage

termómetro

Thermometer

nacimiento

Geburt

sobrepeso

Übergewicht

audífono

Hörgerät

desinfectante

Desinfektionsmittel

infección

Infektion

virus

Virus

VIH / SIDA

HIV / AIDS

medicina

Medizin

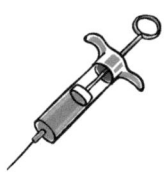

vacunación

Impfung

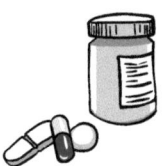

tabletas

Tabletten

pastilla

Pille

llamada de urgencia

Notruf

tensiómetro

Blutdruck-Messgerät

enfermo / sano

krank / gesund

¡Socorro!

Hilfe!

alarma

Alarm

asalto

Überfall

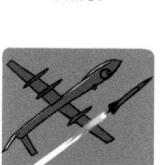

ataque

Angriff

peligro

Gefahr

salida de emergencia

Notausgang

¡Fuego!

Feuer!

extintor de incendios

Feuerlöscher

accidente

Unfall

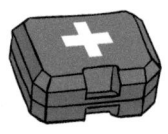

botiquín de primeros
auxilios
Erste-Hilfe-Koffer

SOS

SOS

policía

Polizei

Europa

Europa

Norteamérica

Nordamerika

Sudamérica

Südamerika

África

Afrika

Asia

Asien

Australia

Australien

Atlántico

Atlantik

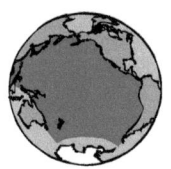

Pacífico

Pazifik

Océano Índico

Indischer Ozean

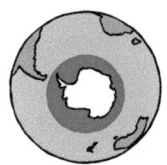

Océano Antártico

Antarktischer Ozean

Océano Ártico

Arktischer Ozean

polo norte

Nordpol

polo sur

Südpol

Antártida

Antarktis

tierra

Erde

tierra

Land

mar

Meer

isla

Insel

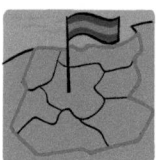

nación

Nation

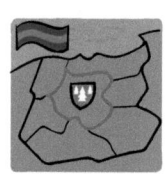

estado

Staat

esfera

Zifferblatt

manecilla de las horas

Stundenzeiger

minutero

Minutenzeiger

segundero

Sekundenzeiger

¿Qué hora es?

Wie spät ist es?

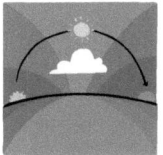

día

Tag

tiempo

Zeit

ahora

jetzt

reloj digital

Digitaluhr

minuto

Minute

hora

Stunde

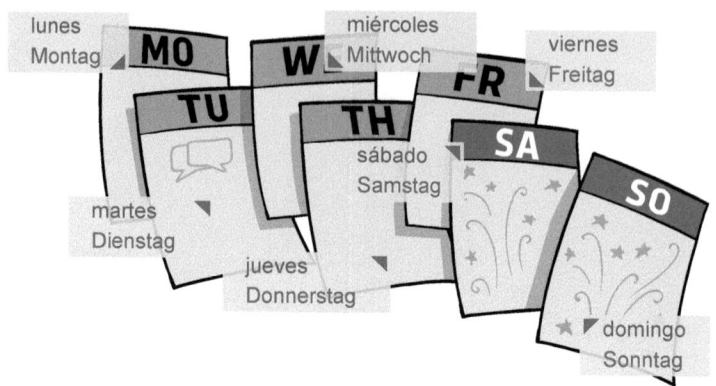

lunes
Montag
MO

miércoles
Mittwoch
W

viernes
Freitag
FR

TU

TH

SA

SO

martes
Dienstag

sábado
Samstag

jueves
Donnerstag

domingo
Sonntag

ayer

gestern

hoy

heute

mañana

morgen

mañana

Morgen

mediodía

Mittag

tarde

Abend

MO	TU	WE	TH	FR	SA	SU
1	2	3	4	5	6	7
8	9	10	11	12	13	14
15	16	17	18	19	20	21
22	23	24	25	26	27	28
29	30	31	1	2	3	4

días laborables

Arbeitstage

MO	TU	WE	TH	FR	SA	SU
1	2	3	4	5	6	7
8	9	10	11	12	13	14
15	16	17	18	19	20	21
22	23	24	25	26	27	28
29	30	31	1	2	3	4

fin de semana

Wochenende

año

Jahr

lluvia
Regen
arcoíris
Regenbogen
viento
Wind
nieve
Schnee
primavera
Frühling
otoño
Herbst
verano
Sommer
invierno
Winter

4.APRIL 11°
5.APRIL 4°
6.APRIL 13°
7.APRIL 8°
8.APRIL 10°

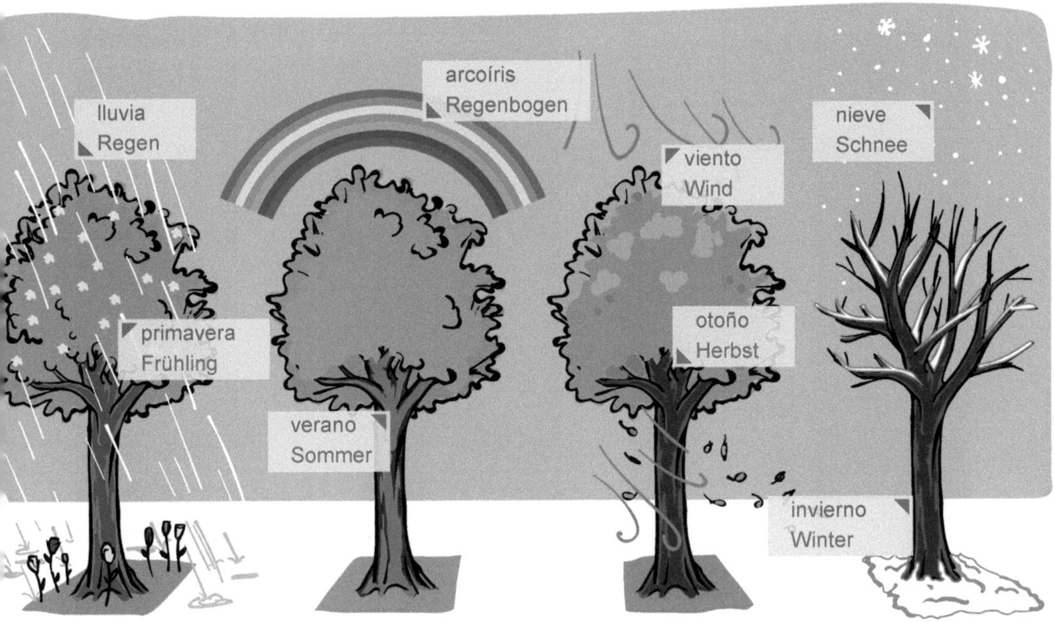

pronóstico del tiempo

Wettervorhersage

F C
120 40
90 30
60 20
30 10
0 0
-30 -10
-20

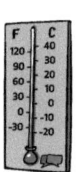

termómetro

Thermometer

sol

Sonnenschein

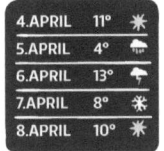

nube

Wolke

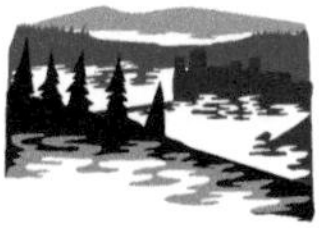

niebla

Nebel

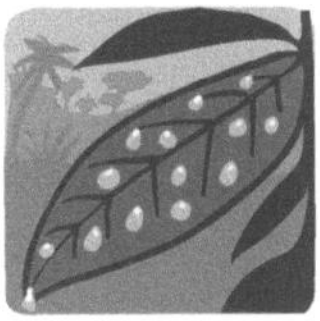

humedad

Luftfeuchtigkeit

rayo

Blitz

trueno

Donner

tormenta

Sturm

granizo

Hagel

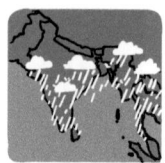

monzón

Monsun

inundación

Flut

hielo

Eis

enero

Januar

febrero

Februar

marzo

März

abril

April

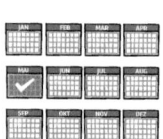

mayo

Mai

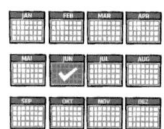

junio

Juni

julio

Juli

agosto

August

año - Jahr

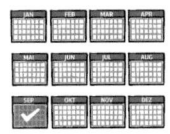

septiembre

September

octubre

Oktober

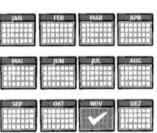

noviembre

November

diciembre

Dezember

círculo

Kreis

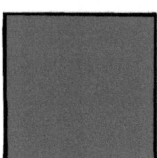

cuadrado

Quadrat

rectángulo

Rechteck

triángulo

Dreieck

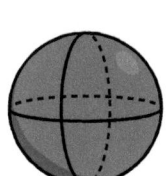

esfera

Kugel

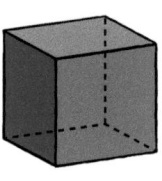

cubo

Würfel

colores
Farben

blanco

weiß

amarillo

gelb

anaranjado

orange

rosa

pink

rojo

rot

morado

lila

azul

blau

verde

grün

marrón

braun

gris

grau

negro

schwarz

mucho / poco

viel / wenig

enojado / tranquilo

wütend / friedlich

bonito / feo

hübsch / hässlich

principio / fin

Anfang / Ende

grande / pequeño

groß / klein

claro / oscuro

hell / dunkel

hermano / hermana

Bruder / Schwester

limpio / sucio

sauber / schmutzig

completo / incompleto

vollständig / unvollständig

día / noche

Tag / Nacht

muerto / vivo

tot / lebendig

ancho / estrecho

breit / schmal

comestible / no comestible

genießbar / ungenießbar

malo / amable

böse / freundlich

entusiasmado / aburrido

aufgeregt / gelangweilt

gordo / delgado

dick / dünn

primero / último

zuerst / zuletzt

amigo / enemigo

Freund / Feind

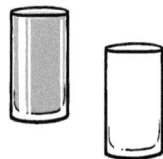

lleno / vacío

voll / leer

duro / blando

hart / weich

pesado / ligero

schwer / leicht

hambre / sed

Hunger / Durst

enfermo / sano

krank / gesund

ilegal / legal

illegal / legal

inteligente / tonto

intelligent / dumm

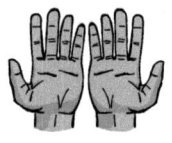

izquierda / derecha

links / rechts

cerca / lejos

nah / fern

nuevo / usado
....
neu / gebraucht

nada / algo
....
nichts / etwas

viejo / joven
....
alt / jung

encendido / apagado
....
an / aus

abierto / cerrado
....
offen / geschlossen

silencioso / ruidoso
....
leise / laut

rico / pobre
....
reich / arm

correcto / incorrecto
....
richtig / falsch

áspero / suave
....
rau / glatt

triste / contento
....
traurig / glücklich

corto / largo
....
kurz / lang

lento / rápido
....
langsam / schnell

húmedo / seco
....
nass / trocken

cálido / frío
....
warm / kühl

guerra / paz
....
Krieg / Frieden

0	**1**	**2**
cero	uno	dos
null	eins	zwei

3	**4**	**5**
tres	cuatro	cinco
drei	vier	fünf

6	**7**	**8**
seis	siete	ocho
sechs	sieben	acht

9	**10**	**11**
nueve	diez	once
neun	zehn	elf

12

doce
....
zwölf

13

trece
....
dreizehn

14

catorce
....
vierzehn

15

quince
....
fünfzehn

16

dieciséis
....
sechzehn

17

diecisiete
....
siebzehn

18

dieciocho
....
achtzehn

19

diecinueve
....
neunzehn

20

veinte
....
zwanzig

100

cien
....
hundert

1.000

mil
....
tausend

1.000.000

millón
....
million

idiomas
Sprachen

inglés

Englisch

inglés americano

Amerikanisches Englisch

chino mandarín

Chinesisch Mandarin

hindi

Hindi

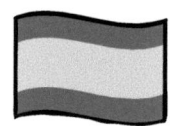

español

Spanisch

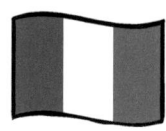

francés

Französisch

árabe

Arabisch

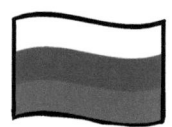

ruso

Russisch

portugués

Portugiesisch

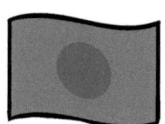

bengalí

Bengalisch

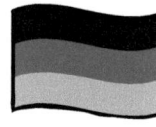

alemán

Deutsch

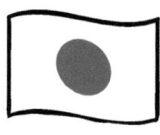

japonés

Japanisch

yo

ich

tú

du

él / ella / ello

er / sie / es

nosotros/as

wir

vosotros/as

ihr

ellos/as

sie

¿quién?

wer?

¿qué?

was?

¿cómo?

wie?

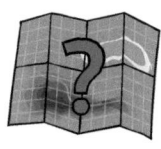

¿dónde?

wo?

¿cuándo?

wann?

nombre

Name

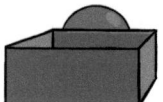

detrás

hinter

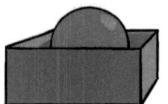

en

in

delante de

vor

por encima de

über

sobre

auf

debajo de

unter

junto a

neben

entre

zwischen

lugar

Ort